Bibliografische Information der Deutschen Nationalbibliothek:

Die Deutsche Bibliothek verzeichnet diese Publikation in der Deutschen National-
bibliografie; detaillierte bibliografische Daten sind im Internet über http://dnb.d-
nb.de/ abrufbar.

Impressum:

Copyright © 2008 GRIN Verlag, Open Publishing GmbH
Druck und Bindung: Books on Demand GmbH, Norderstedt Germany
ISBN: 9783640561858

Dieses Buch bei GRIN:

http://www.grin.com/de/e-book/145829/seminarunterlage-outlook-2003-teamfunk-
tionalitaeten

Michel Beger

Seminarunterlage Outlook 2003 Teamfunktionalitäten

GRIN Verlag

GRIN - Your knowledge has value

Der GRIN Verlag publiziert seit 1998 wissenschaftliche Arbeiten von Studenten, Hochschullehrern und anderen Akademikern als eBook und gedrucktes Buch. Die Verlagswebsite www.grin.com ist die ideale Plattform zur Veröffentlichung von Hausarbeiten, Abschlussarbeiten, wissenschaftlichen Aufsätzen, Dissertationen und Fachbüchern.

Besuchen Sie uns im Internet:

http://www.grin.com/

http://www.facebook.com/grincom

http://www.twitter.com/grin_com

Michel Beger

Seminarunterlage
Outlook 2003
Teamfunktionalitäten

Inhaltsverzeichnis

1   Gemeinsame Nutzung von Postfächern

Zunächst haben Sie keinen Zugriff auf ein „fremdes" Postfach und dessen untergeordnete Objekte wie Posteingang, Gesendete Objekte, Kontakte oder Kalender.

Ebenso haben andere keinen Zugriff auf Ihr Postfach.

Eine gemeinsame Nutzung wird erst dadurch möglich, dass das Postfach und beispielsweise der Kalender mit Lese- und/oder Schreibberechtigung freigegeben werden.

> **Hinweis:**
> In diesem Kapitel wird die Vorgehensweise für den **Kalender** beschrieben. Für alle anderen Ordner wie z. B. Posteingang, Aufgaben oder Adressen ist die Vorgehensweise identisch!

1.1   Freigabe eines Kalenders

Um den eigenen Kalender für einen Kollegen zu öffnen, sind zwei Schritte erforderlich:

1. **Das Postfach muss „sichtbar" gemacht werden.**

- Dazu klicken Sie mit der **rechten** Maustaste auf die oberste Ebene Ihres Postfachs (*Outlook Heute*). Sie kommen dann in das Kontextmenü, dort klicken Sie auf die **Eigenschaften** für Ihr Postfach. Bei den Berechtigungen aktivieren Sie nur „**Ordner sichtbar**". Bestätigen Sie dann mit **OK.**

- Mit den jetzigen Einstellungen ist aber noch kein Unterordner freigegeben. Wechseln Sie jetzt zum Kalender.

2. **Der Kalender muss mit einer Berechtigung für den Kollegen versehen werden.**

- Klicken Sie mit der **rechten** Maustaste auf den Kalender. Sie kommen dann in das Kontextmenü, dort klicken Sie auf die **Eigenschaften**.

- Klicken Sie dann auf **Berechtigungen**. Hier wird festgelegt, wer mit welchen Rechten auf Ihren Kalender Zugriff hat.
Standardmäßig sind hier keine Rechte vergeben. In den Berechtigungen klicken Sie auf **Hinzufügen** um Ihren Kollegen auszuwählen. Das Bild sollte mittlerweile bekannt sein. Hier wählen Sie den oder die Kollegen aus, die eine Berechtigung auf Ihren Kalender erhalten sollen. Es gibt verschiedene **Berechtigungsstufen**, die ausgewählt werden können. Man kann aber auch direkt eine einzelne Berechtigung anklicken. Wenn die Einträge im Kalender nur lesbar sein sollen klicken Sie einfach **Objekte lesen** an. Mit der Leseberechtigung für Ihren Kalender wird automatisch auch noch **Ordner sichtbar** mit aktiviert. Die Leseberechtigung entspricht der Berechtigungsstufe 2.

1.2 Zugriff auf andere Kalender (temporär)

Sind die Berechtigungen vergeben, kann der „Zugriff" auf den Kalender erfolgen. Sie
können ein anderes Postfach und den darin freigegebenen Kalender durch „direktes
Öffnen" lesen und bearbeiten oder in Ihrem Outlook so integrieren, dass es immer
geöffnet wird.

- Klicken Sie dazu auf **Datei, Öffnen, Ordner eines anderen Benutzers**
- Hier können Sie direkt den Nachnamen des Benutzers eingeben oder wieder über
  Name aus der Liste auswählen.
- Bestätigen Sie mit **OK**

Der Kalender des ausgesuchten Benutzers wird jetzt als neues Fenster geöffnet. Diese
Einstellung ist jedoch nicht dauerhaft und muss bei jedem Neustart im Outlook
wiederholt werden. Wenn Sie also einen dauerhaften Zugriff auf ein anderes Postfach
wollen, sollten Sie sich das Postfach immer von Outlook automatisch öffnen lassen.

1.3 Zugriff auf andere Kalender (dauerhaft)

Um ein anderes Postfach dauerhaft zu öffnen, klicken Sie im Menü auf **Extras, E-Mail-Konten.**

In den Diensten klicken Sie dann auf Microsoft Exchange Server (sofern dies nicht schon angeklickt ist) und dann auf **Ändern...**

Im den Eigenschaften vom Microsoft Exchange Server klicken Sie dann auf **Weitere Einstellungen**

Nun wechseln Sie auf das Register **Erweitert**. Hier klicken Sie dann auf **Hinzufügen.** Sie können dann wieder über den Nachnamen des Benutzers das Postfach aussuchen, das geöffnet werden soll. Bestätigen Sie dann mit **OK.**

Der Name, den Sie eingeben wird dann automatisch aus dem globalen Adressbuch ergänzt. Wenn Sie alle Postfächer hinzugefügt haben, die geöffnet werden sollen, klicken Sie auf **OK.**

Zusätzlich zu Ihrem eigenen Postfach sehen Sie jetzt das neue Postfach. Ein Klick auf das kleine Plus-Zeichen (+) links neben dem Postfach zeigt dann die freigegebenen Ordner.

Jetzt ist der dauerhafte Zugriff auf das andere Postfach eingerichtet und kann bequem mit einem Mausklick erreicht werden.

1.4   Private Termine

Durch das Einrichten einer Leseberechtigung für einen anderen Benutzer geben Sie ja Leserechte für alle Einträge, die im Kalender stehen. Wenn Sie wollen, dass auf keinen Fall ein Kalender-Eintrag für andere lesbar ist müssen Sie ihn als „privat" kennzeichnen. Dann wird der Eintrag für andere nur noch als **„Privater Termin"** dargestellt.

Beim Eintragen eines neuen Termins aktivieren Sie rechts unten die Option **Privat.**

Wenn ein Eintrag im Kalender als *Privat* gekennzeichnet ist, erscheint er im Kalender mit einem Schlüssel-Symbol. Wenn Sie auf einen anderen Kalender zugreifen, der einen privaten Termineintrag enthält, sehen Sie ebenfalls den Schlüssel, aber anstatt des Eintrags sehen Sie nur **„Privater Termin".**

2 Besprechungen planen

Um Ihnen eine Besprechung im Outlook näher zu erklären, planen Sie im folgenden Beispiel ein Meeting, zu dem Sie andere Teilnehmer per E-Mail einladen. Eine funktionierende Besprechungsplanung mit Outlook setzt zwingend voraus, dass die anderen Teilnehmer sich auch an dieser Vorgehensweise orientieren. Ansonsten ist die Besprechungsplanung zwecklos.

Um Teilnehmer zu einer Besprechung einzuladen erstellen Sie wie gewohnt einen neuen Termin, an dem die Besprechung stattfinden soll.

Tragen Sie den Betreff, Ort, Dauer usw. ein.

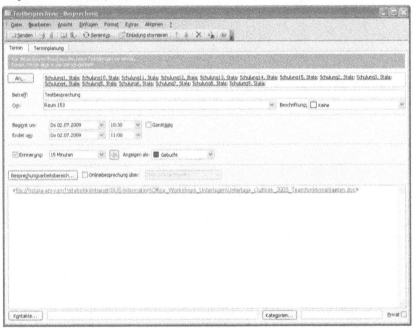

Um andere Teilnehmer zu der Besprechung einzuladen klicken Sie jetzt auf **Teilnehmer einladen**...und aus dem Termin wird eine Besprechung.

Über „**Einladung stornieren...**" erstellen Sie jederzeit wieder zu einen normalen Termin.

Andere Teilnehmer werden zu der Besprechung eingeladen, indem Sie ihnen E-Mail mit der Besprechungsanfrage schicken.

Um einen Teilnehmer auszuwählen klicken Sie auf **An...** Sie kommen dann in das globale Adressbuch, wo Sie die Teilnehmer auswählen. Man unterscheidet hier zwischen **Erforderlichen** und **Optionalen** Teilnehmern. Klicken Sie anschließend auf **OK**

In der Infozeile bekommen Sie alle Informationen, die für die Planung dieser Besprechung wichtig sind, momentan steht hier nur, dass noch keine Einladungen versendet wurden.

Um nachzusehen, ob die Teilnehmer bereits Termine haben, können Sie in das Register „**Terminplanung**" wechseln.

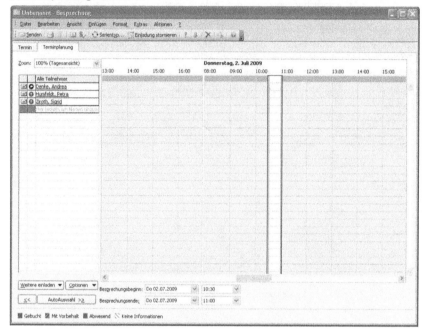

Um den Vorgang zu beenden und die Einladen zu verschicken klicken Sie auf **Senden**.

2.1 → Beim eingeladenen Teilnehmer der Besprechung

Der eingeladene Teilnehmer bekommt eine E-Mail mit dem Hinweis auf die Besprechung. Er hat jetzt mehrere Möglichkeiten: er kann **Zusagen, Mit Vorbehalt** oder **Ablehnen** anklicken. In seinem Infofeld steht momentan noch „**Bitte um Antwort**".

Im Normalfall sagt der Teilnehmer die Besprechung zu, indem er auf **Zusagen** klickt.

Outlook erkundigt sich jetzt noch bei dem Teilnehmer ob die Antwort sofort gesendet werden soll. Wenn er teilnehmen will klickt er hier auf **Antwort sofort senden**. Er könnte jedoch auch die **Antwort vor dem Senden bearbeiten**.

Gleichzeitig wird die Besprechung in den Kalender des Teilnehmers eingetragen. Man kann im Kalender das Symbol einer Personengruppe erkennen. Das Symbol ist der Hinweis auf eine Besprechung.

Wenn der Teilnehmer den Termin in seinem Kalender öffnet, sieht er noch einmal alle Infos zu der Besprechung, und könnte dort auch wieder absagen.

2.2 → Wieder zurück beim „Besprechungsplaner"

Von dem Teilnehmer, der zugesagt hat, kommt jetzt eine E-Mail mit einer Zusage an Sie zurück. In der E-Mail stehen noch einmal alle Infos über die Besprechung. Außerdem steht der Termin natürlich auch in Ihrem Kalender. Das Infofeld weist Sie darauf hin, dass ein Teilnehmer zugesagt hat.

Es gibt auch noch eine andere Möglichkeit, Teilnehmer zu einer Besprechung einzuladen. Wir gehen von der bereits geplanten Besprechung aus und klicken auf das Register **Teilnehmerverfügbarkeit.**

2.3 Teilnehmerverfügbarkeit / Teilnehmerstatus

Über die Teilnehmerverfügbarkeit bekommt man zunächst den Teilnehmerstatus gezeigt. Man kann nicht nur sehen, welche Teilnehmer zugesagt haben, sondern auch welche noch nicht geantwortet haben.

Klicken Sie jetzt auf **Weitere einladen...,** dann haben Sie die Möglichkeit weitere Teilnehmer zur Besprechung einzuladen.

Suchen Sie sich den nächsten Teilnehmer aus und klicken Sie auf **OK.** Die Teilnehmerliste wird sofort aktualisiert, allerdings wird die Einladung an den neuen Teilnehmer erst verschickt, wenn Sie **Speichern und Schließen** klicken. Erst jetzt entscheiden Sie, ob die Einladung an den neuen Teilnehmer verschickt wird. Der neue Besprechungs-Teilnehmer bekommt dann auch wieder eine E-Mail mit der Einladung und kann zu- oder absagen. Klicken Sie auf **OK** um die neue Einladung zu verschicken.

Der neue Teilnehmer steht dann auch mit der Antwort „Zugesagt" in der Teilnehmerliste.

Klicken Sie jetzt auf **Verfügbarkeit anzeigen.** In der Teilnehmerverfügbarkeit haben Sie einen Überblick über die Teilnehmer und deren Zeitplanung. Auf der Zeitskala können Sie die Besprechung als **Gebucht**er Eintrag sehen. Auch in der Teilnehmerverfügbarkeit können nachträglich Teilnehmer zur Besprechung eingeladen werden mit dem großen Vorteil, dass Sie direkt sehen, ob der Teilnehmer auch Zeit hat, und nicht schon einen Termin im Kalender geplant hat.

Klicken Sie dazu auf **Weitere einladen...** und suchen sich den nächsten Teilnehmer aus. Bei den neu dazugekommenen Teilnehmern kann man sehen, dass zu der fraglichen Zeit schon ein Termin geplant ist, also kann dort die Besprechung nicht stattfinden.

Mit einem Klick auf Autoauswahl **>>** können Sie leicht den nächsten freien Bereich aller Teilnehmer bestimmen, und dort die Besprechung festlegen.

Mit **Speichern und Schließen** wird der Termin im Kalender aktualisiert und eine E-Mail mit der Änderung geht an alle Teilnehmer.

3 Gruppenzeitpläne

3.1 Kalender – Gruppenzeitpläne

Der Gruppenzeitplan im **Kalender** vereinfacht die Anzeige der Zeitpläne mehrerer Personen.

1. Sie können mehrere Gruppenzeitpläne erstellen und speichern, die jeweils eine Gruppe von Personen oder Ressourcen anzeigen. Ein Gruppenzeitplan kann beispielsweise alle Mitarbeiter in einer Abteilung umfassen. Ein anderer Gruppenzeitplan kann alle Konferenzräume in einem Gebäude umfassen. Ein Gruppenzeitplan kann alle Kontakte oder Ressourcen aus einem Öffentlichen Ordner enthalten.

2. Sie können nicht nur Personen zu Besprechungen einladen, sondern auch Ressourcen einplanen, beispielsweise den Konferenzraum, in dem die Besprechung stattfinden soll, oder den Projektor, den Sie für eine Präsentation benötigen. Damit Sie eine Ressource einplanen können, muss die Ressource von einer Person in der Organisation so eingerichtet worden sein, dass sie auf dem Server über ein eigenes Postfach verfügt. Weiterhin muss Ihnen die Berechtigung erteilt worden sein, Ressourcen, die diese Ressource einschließt, einzuplanen.

3. Während der Anzeige eines Gruppenzeitplans können Sie damit in kurzer Zeit eine Besprechung planen oder eine E-Mail an ein bzw. alle Gruppenmitglieder senden. Sie können die aktuellsten Frei/Gebucht-Informationen für jedes Gruppenmitglied abrufen, bevor Sie eine Besprechung planen. Mit der AutoAuswahl können Sie einen freien Zeitraum für alle Gruppenmitglieder suchen.

4. Der Gruppenkalender enthält standardmäßig Details aller angezeigten Elemente, sofern sie nicht vom Besitzer des Elements als "privat" markiert wurden..

Der Gruppenzeitplan bietet folgende nützliche Möglichkeiten:

- Alle Teilnehmernamen stehen direkt neben den jeweiligen Frei/Gebucht-Daten, so dass Sie die Teilnehmer ihren jeweiligen Zeitplänen schnell zuordnen können.

- In einer einzigen Zeile am Anfang des Planungsrasters können Sie die Frei/Gebucht-Daten für alle Teilnehmer zusammenfassen und auf diese Weise einen gemeinsamen freien Zeitblock schnell ermitteln.

- Zeitblöcke, die die Teilnehmer in ihren Outlook-Kalendern als „Mit Vorbehalt", „Gebucht" oder

- „Abwesend" angegeben haben, werden im Raster als farbige Balken dargestellt.

- Die gewünschten Uhrzeiten für Beginn und Ende der Besprechung werden im Raster deutlich

- angezeigt und können durch Ziehen der Beginn- und Ende-Balken mühelos angepasst werden.

- Auch Mitglieder einer Verteilerliste können zu einer Besprechung eingeladen und diese Liste

- kann erweitert werden, um alle Mitglieder im Raster anzuzeigen.

- Sie können über den Kalender in Outlook auf Gruppenzeitpläne zugreifen.

- Zum Öffnen des Kalenders klicken Sie in der Outlook-Leiste auf **Kalender**. Anschließend können Sie einen Gruppenzeitplan erstellen, anzeigen oder löschen.

3.2 Gruppenzeitplan erstellen

1. Klicken Sie auf die Schaltfläche **Zeitpläne**.

2. Klicken Sie im Dialogfeld **Gruppenzeitpläne** auf **Neu**.

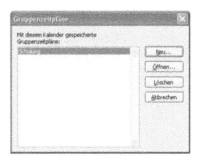

3. Geben Sie einen Namen für den neuen Gruppenzeitplan ein, und klicken Sie dann auf **OK**.

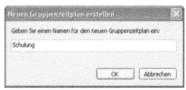

4. Der neue Gruppenzeitplan wird geöffnet. Klicken Sie auf **Weitere einladen** und dann entweder auf Von Adressbuch hinzufügen oder auf Öffentlichen Ordner hinzufügen. Je nachdem, auf welchen Listeneintrag Sie geklickt haben, führen Sie einen der folgenden Schritte aus:

5. Klicken Sie auf **Speichern und schließen**.

3.3 Gruppenzeitplan anzeigen

1. Klicken Sie auf die Schaltfläche **Zeitpläne**.

2. Klicken Sie im Dialogfeld **Gruppenzeitpläne** auf den Gruppenzeitplan, der angezeigt werden soll,

3. und klicken Sie dann auf **Öffnen**.

4. Im Anschluss daran können Sie die Anzeige des Gruppenzeitplanes anpassen. Beispielsweise können Sie eine oder beide der folgenden Anpassungen vornehmen:

   - Zeigen Sie mit Hilfe des Dropdown-Listenfeldes **Zoom** mehrere Tage auf weniger Raum an.

- Durch Klicken auf die Schaltfläche **Optionen** können Sie wählen, ob nur die Arbeitsstunden oder alle 24 Stunden des Tages angezeigt werden sollen, und Sie können Einzelheiten der Kalendereinträge im Raster anzeigen.

3.4 Gruppenzeitplan löschen

1. Klicken Sie auf die Schaltfläche **Zeitpläne**.
2. Klicken Sie im Dialogfeld **Gruppenzeitpläne** auf den Gruppenzeitplan, der gelöscht werden soll, und klicken Sie dann auf **Löschen**.

4 Aufgaben

4.1 Aufgabe erstellen

1. Wechseln Sie zum Ordner **Aufgaben** und klicken Sie auf das Symbol „**Neu**"

2. Tragen Sie die Daten zur Aufgabe ein.

   Über Einträge bei **Beginnt am**, **Fällig am** und bei den **Kategorien** haben Sie die Möglichkeit, die Aufgabe entsprechend anzuordnen (siehe dazu Kapitel „Ansicht ändern").

3. Beenden Sie die Eingabe der mit der Schaltfläche „Speichern und Schließen"

4.2 Aufgabe delegieren

Über die Schaltfläche „**Aufgabe zuordnen**" können Sie eine Aufgabe einer anderen Person zuordnen.

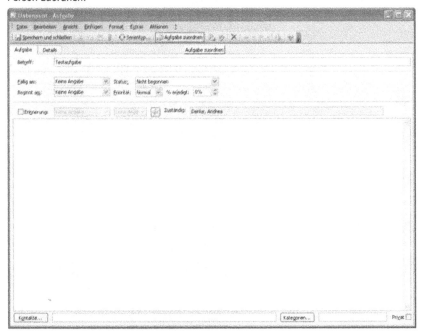

4.3   Ansicht ändern

Um alle Aufgaben, die einer Person zugeordnet wurden, anzuzeigen, muss über Ansicht, Aktuelle Ansicht, die Variante **„Nach zuständiger Person"** ausgewählt werden.

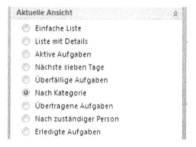

5   Öffentliche Ordner

In Microsoft Outlook 2003 haben Sie die Möglichkeit, Öffentliche Ordner zu betrachten und zu verwalten. Im Outlook 2003 finden Sie diese unter „**Alle Öffentlichen Ordner**".

Um einen Ordner zu erstellen, wählen Sie nach einem Rechtsklick auf Ihre Domäne den Eintrag „**Neuer Ordner**".

Der Ordner wird am ausgewählten Ort erstellt und kann danach von allen Mitgliedern der Domäne genutzt werden.

Wichtig: Bitte beachten Sie, dass ein öffentlicher Ordner nur vom Besitzer bzw. dem Konto, von welchem er erstellt wurde, wieder gelöscht oder geändert werden kann.

Daher sollte nur eine verantwortliche Person zur Erstellung der Öffentlichen Ordner beauftragt werden.

www.ingramcontent.com/pod-product-compliance
Lightning Source LLC
La Vergne TN
LVHW042321060326
832902LV00010B/1653